ABÉCÉDAIRE RÉPUBLICAIN

Crédits
Dessins : DR
Photographies : enfants et Peggy Kilhoffer © Peggy Kilhoffer

Couverture : Le Petit Atelier

ISBN : 978-2-213-72102-6
Dépôt légal : septembre 2021

Peggy Kilhoffer
et la classe de CM1-CM2
de l'école Jean-Mermoz

ABÉCÉDAIRE RÉPUBLICAIN

Avant-propos de Robert Badinter

Fayard

Hommage de Robert Badinter au professeur Samuel Paty

C'est un honneur pour moi que de rendre hommage au professeur Samuel Paty devant les enseignants et élèves des collèges et lycées de la République.

Samuel Paty a consacré sa vie d'homme à la plus belle des missions : éduquer les jeunes dans le respect des lois et des valeurs de la République en lesquelles il avait foi et pour lesquelles il a donné sa vie.

Parmi ces valeurs, la liberté d'expression et d'opinion, y compris religieuse, qui fonde la laïcité, lui était particulièrement chère. C'est donc de cette laïcité que je veux aujourd'hui vous parler.

La laïcité dans notre République, c'est d'abord l'expression de notre Liberté. Car la laïcité permet à chacun de pratiquer la religion de son choix ou de n'en pratiquer aucune, selon sa conviction.

La laïcité dans notre République, c'est aussi l'Égalité entre toutes les religions. Il n'existe pas dans la République de religion d'État. Elle les reconnaît toutes à égalité, et n'en privilégie aucune.

La laïcité dans notre République, c'est enfin la Fraternité, parce que tous les êtres humains, femmes ou hommes, quelles que soient leurs opinions ou leurs croyances, méritent une égale considération et appellent un même respect.

C'est pourquoi, en France, l'école de la République est laïque ; car seule la laïcité garantit à tous les élèves et à tous les niveaux un enseignement consacré au seul culte du savoir et de la recherche, qui forge des esprits libres et ouverts au monde.

Honorons donc la mémoire de Samuel Paty, héros de la laïcité.

Préface de Peggy Kilhoffer

Lundi 2 novembre 2020, jour de rentrée des classes

Les vacances scolaires ont laissé un goût amer. L'assassinat du professeur Samuel Paty a bouleversé toute la communauté enseignante et bien au-delà. La France est sous le choc, et c'est à nous, enseignants, d'organiser l'hommage dans nos classes, quel que soit l'âge des enfants.

Au-delà des polémiques et des controverses, l'instant m'apparaît aussi grave qu'indispensable. Les préconisations institutionnelles et les ressources pédagogiques pleuvent, mais ne suffisent pas à répondre à mon questionnement : comment vais-je aborder ce moment avec mes élèves ? Ils ont neuf ans, dix ans pour certains. Ils vivent dans la périphérie de Strasbourg, habitent pour partie dans une cité. Qu'ont-ils perçu, entendu de ce drame ? Qu'en ont-ils compris ?

Cela fait vingt et un ans que j'enseigne dans cette école située en éducation prioritaire. Je n'ai jamais souhaité exercer ailleurs, sans doute parce que j'ai foi en l'école républicaine comme possibilité d'accès aux savoirs et tremplin vers la culture.

Bon nombre de fois, j'ai éprouvé des difficultés à aider certains de mes élèves et à lutter contre le déterminisme social. Mais, bon nombre de fois, j'ai vu des élèves s'emparer des enseignements dispensés, s'ouvrir au monde et se créer une pensée personnelle.

C'est pour cela que je fais ce métier.

La lettre de Jean Jaurès, la liberté de la presse, la solennité de la minute de silence, tout se bouscule dans ma tête. Et la laïcité comme seule réponse.

Et puis d'abord, qu'est-ce que la laïcité ?

Vite, il faut chercher, lire pour comprendre et transmettre, sans craindre de parler aux enfants. Se sentir légitime pour ne pas se défausser derrière le très jeune âge des élèves.

Je refuserai toujours de cautionner l'adage : à l'impossible, nul n'est tenu. Il s'agit déjà d'investir ce qui est possible. Et du côté des élèves, le terrain est fertile.

Dès le début du travail que j'ai mené avec eux autour des libertés fondamentales, j'ai tout de suite trouvé des enfants intéressés par les sujets abordés, curieux de savoir, de dire et de questionner, en dehors de leur cercle familial, ce que l'actualité leur avait livré.

Loin d'être effrayés et bien plus audacieux que les adultes, ils n'ont éprouvé aucune réticence à lire le poème de Paul Éluard ou à écouter Robert Badinter parler de laïcité.

Ce sont les mots choisis par M. Badinter pour rendre hommage à Samuel Paty en direction de la communauté éducative qui se sont imposés à moi pour initier les échanges entre les élèves et permettre que se construisent les apprentissages autour des valeurs de la République.

Ce sont ses mots qui m'ont touchée et interpellée au point d'en faire le cœur de ma réflexion pédagogique.

C'est la force de son message qui a motivé la réalisation de cet abécédaire, en donnant à tous les élèves la possibilité d'appréhender des concepts complexes et de s'en emparer véritablement.

Je me souviens du moment où ils ont découvert son allocution, de leur silence respectueux et de leur attention. C'était leur première rencontre avec lui.

À aucun moment, je ne me suis questionnée sur l'accessibilité de ces propos pour de jeunes enfants. J'en étais convaincue, et puis, c'était mon rôle de les rendre suffisamment compréhensibles pour qu'eux aussi, comme moi, en mesurent toute la portée.

Ils ne s'y sont d'ailleurs pas trompés. Ils ont immédiatement relevé que si le mot laïcité était le terme le plus souvent prononcé, celui de religion apparaissait presque aussi souvent. Et Jules de m'interpeller : « Mais est-ce qu'on a le droit de critiquer une religion ? Mais pourquoi, si ça fait de la peine aux gens et s'ils peuvent exercer leur religion librement ? » Les choses étaient posées, et je n'allais pas m'en sortir si facilement. Mes réponses devaient être précises parce qu'ils voulaient comprendre et véritablement saisir les enjeux de ce qui s'était passé.

J'ai immédiatement pensé aux jeunes enseignants que je formais par ailleurs à l'université, et pour lesquels je m'inquiétais de savoir comment ils allaient aborder ce travail dans leur classe au regard de leur inexpérience et de la complexité de la problématique. Les cours en distanciel imposés par le contexte sanitaire m'ont permis de mesurer à quel point il était indispensable de guider leur réflexion, mais bien plus encore de les rassurer pour les convaincre d'accueillir la parole des élèves en la matière.

D'une certaine manière, j'ai eu le sentiment qu'ils craignaient plus que leurs élèves d'évoquer ce moment, et plus généralement certains aspects de notre histoire.

Il devenait donc nécessaire de construire des outils et de les mettre à leur disposition pour que cette minute de silence ne soit pas inutile et que se construisent de manière pérenne de véritables repères républicains.

Ce moment si particulier, je le sais, a été investi de manière très différente selon les enseignants, les contextes d'exercice, l'âge des élèves ou ce que cette tragédie nous renvoie en tant qu'individu et que personne sensible.

Pourtant, je reste convaincue, et c'est mon message aux jeunes enseignants, que l'ambition et l'exigence que nous mettons dans notre enseignement, cette volonté de faire réfléchir nos élèves nous permettent de surmonter bon nombre de difficultés, quelquefois au-delà de nos espérances.

« Maîtresse, s'il vous plaît, est-ce qu'on pourra faire des projets cette année, comme l'année dernière, malgré le virus ? » m'interpellait Sarah au mois de décembre.

Drôle d'époque, entre violence et confinement, où les enfants portent le masque à longueur de journée et se lavent les mains au moindre contact.

Mais ils n'abdiquent pas pour autant, et c'est la vie qui reprend naturellement ses droits dans les classes.

J'entends la demande de Sarah, je la comprends. Je perçois ce besoin d'être porté par un but commun, un projet qui transcende un peu ce quotidien pesant et terriblement anxiogène.

« Alors, oui, Sarah, on va faire des projets. » Voilà, c'est dit, c'est promis, et pourvu qu'on y arrive.

De semaine en semaine, nous parcourons les différents champs de l'éducation morale et civique (EMC), de l'histoire. Il faut poser les jalons, donner des repères pour faciliter la compréhension de sujets complexes : les lois de Jules Ferry, l'école laïque, gratuite et obligatoire, la déclaration des droits de l'homme et du citoyen, la charte de la laïcité, le fonctionnement des institutions françaises. Autant de notions et d'actes qui circonscrivent le principe de laïcité.

Loin d'être désabusés, et à mon grand étonnement, ils en réclament encore et me questionnent, chaque matin, au moment où j'annonce le programme de travail quotidien : « On ne fait pas EMC aujourd'hui ? »

Dans la séquence élaborée, je décide de ne renoncer à rien et de poursuivre les objectifs que je m'étais fixés : ne pas se contenter d'évoquer des concepts, mais donner l'occasion à mes élèves de s'en saisir réellement.

Proposition est faite de créer un abécédaire à partir des termes rencontrés au gré des séances didactiques mises en œuvre. Le projet est lancé. Ils sont ravis. À quoi tient la pédagogie ?

J'ai toujours pensé qu'il y avait plusieurs manières d'enseigner. Évidemment, chaque enseignant a son style, ses lubies, voire ses combats. Former des élèves, c'est entendu, mais former des citoyens, c'est autre chose. C'est donner à son enseignement une dimension supplémentaire, c'est faire le pari de l'intelligence des élèves. C'est croire en leurs capacités de progresser et de développer une réflexion personnalisée, autonome. C'est les armer pour leur vie d'adulte. Et ne croyez pas qu'il faille attendre le lycée pour trouver des oreilles attentives et concernées. Bien au contraire.

Cet abécédaire aura donc plusieurs destinées.

Ils travaillent d'arrache-pied pour élaborer ce recueil. Ils créent des lettrines par dizaines, rivalisent d'originalité pour qu'elles soient les plus réussies possibles. Ils sélectionnent avec soin et démocratiquement les termes qui seront retenus, et puis, ils s'attèlent à les définir avec leurs connaissances, leurs mots, sans céder au simple copier-coller. Ils les font leurs, et les discussions vont bon train dans les groupes de travail. Ils oscillent entre satisfaction de voir valider la définition formulée par la maîtresse et découragement face à la tâche que je leur ai assignée, et qui, je l'avoue, est d'ampleur. Toujours cette même exigence dans la demande pour qu'ils mesurent le chemin parcouru. Malgré la difficulté, l'effort est récompensé.

Cependant, je sens qu'il est temps de remotiver les troupes qui s'essoufflent tout de même un petit peu. Le projet est là, il est investi, mais il manque quelque chose, une finalité, un destinataire capable de mesurer l'investissement réalisé et qui saurait authentifier ce travail.

Et puisque son propos a été le fil conducteur de notre réflexion, nous décidons, un peu audacieusement, de faire parvenir cet abécédaire, que nous avons qualifié de « républicain », à M. Badinter, via une adresse postale récupérée sur Internet.

Et pourquoi pas ? Les enfants sont enthousiasmés par l'idée. Nous l'avions écouté tant de fois, ce n'était plus un inconnu.

Les derniers jours de classe avant Noël ont été entièrement consacrés à l'étape ultime du projet, et je dois dire, à l'obsession constante de l'enseignant : vérifier la compréhension de ce qui a été enseigné. Plutôt que de procéder, comme de tradition, à une évaluation en bonne et due forme, il m'a semblé plus judicieux de demander à mes élèves de traduire chacun des termes de l'abécédaire par une situation illustrée. Là encore, ils n'ont pas manqué d'inventivité et de sincérité dans l'appropriation du lexique mis à leur disposition.

Deux moments forts me reviennent à l'esprit.

Camille avait décidé d'illustrer le mot laïcité, la belle affaire ! Pas très sûre d'elle, elle vient me questionner au sujet de son idée :

« Moi, j'ai dessiné une maman et sa fille ; elles parlent de laïcité. »

Je regarde son dessin et je remarque que l'enfant questionne sa mère sur « sa » laïcité :

« Maman, est-ce que je suis laïque ?

Bien sûr ! »

La laïcité comme seule religion, la compréhension est parfaite. Je rassure Camille sur la pertinence de la situation qu'elle a dessinée.

Amina, comme toute une partie de mes élèves est originaire d'un autre pays. Elle est discrète, presque effacée. Elle vient d'arriver dans cette école, et il lui est difficile de trouver sa place dans la classe. Mais voilà qu'elle se démarque par la qualité de ses illustrations et en particulier par le portrait qu'elle réalise de l'ancien garde des Sceaux. Les autres sont subjugués, ils la félicitent. Depuis, elle ne joue plus jamais seule en récréation.

Pas moins de treize origines différentes dans cette classe : du Yémen à l'Irak, où ils ont fui la guerre, de la Turquie à la Tchétchénie en passant par l'Afrique du Nord, ils portent tous en eux leur histoire et se retrouvent autour des valeurs qui fondent la nôtre et les rassemblent.

Ils ne doutent pas. À leur âge, ils ne voient pas d'obstacles à faire vivre la laïcité pour garantir les libertés fondamentales, l'égalité et la fraternité. Leur capacité d'indignation est intacte. Qu'il s'agisse de l'égalité garçons-filles, du handicap ou de l'acceptation des différences, ils trouvent assez naturellement des compromis et s'entendent sur des principes. Ce qui les unit, c'est le refus de l'injustice ; ce qui les éloigne, c'est leur capacité à maîtriser la langue qui permet l'expression de leurs idées.

C'est précisément là que se situe la bascule, le danger contre lequel il nous faut lutter. Et c'est bien l'école qui peut jouer ce rôle de rempart et leur donner encore et encore la possibilité de se construire une maîtrise de la langue française qui autorise le débat, la confrontation des arguments et l'écoute des autres.

Plus que jamais, j'ai choisi de travailler ce langage oral, indispensable à la structuration de la pensée.

« Comme devoirs, vous lirez la charte de la laïcité et vous questionnerez vos parents à ce sujet. » Rien que ça, en éducation prioritaire ! Je savais bien que la tâche allait être bien plus difficile pour certains que pour d'autres. Le confinement de 2020 avait encore agrandi les écarts entre les élèves. Il fallait inverser la tendance, et il me semble que faire entrer la culture dans les familles peut constituer une solution. Faire expliquer par les enfants ce qui se passe à l'école, exposer la réflexion qui est menée, ouvrir de nouvelles perspectives pour certains parents, c'était peut-être une voie possible.

« Tu en sais plus que moi ! » ont répondu plusieurs parents à leurs enfants. Et quelle fierté pour eux de me le rapporter.

Quelle fierté aussi de rédiger la lettre à Robert Badinter, tous ensemble, pour lui expliquer notre projet et accompagner l'envoi de l'abécédaire.

Un silence absolu, de celui dont rêvent tous les enseignants, règne dans la classe au moment où il s'agit pour les élèves de recopier la lettre. Il avait été convenu que la lettre qui serait envoyée serait celle qui ne comporterait aucune erreur et, qui plus est, aurait une belle calligraphie. Je crois bien que Maxine ne s'est jamais autant appliquée, mais elle était loin d'être la seule. Ils se sont tous donné tant de peine, certains stressés par l'enjeu, d'autres en proie à leurs difficultés, mais ils sont tous arrivés au bout de l'exercice.

Quatre semaines après Noël, et Kai s'inquiète que nous n'ayons toujours pas envoyé l'abécédaire. « Je le ferai pendant les vacances de février. » Chose promise, chose due.

Lundi 8 mars 2021, jour de rentrée des classes

Quelques mois se sont écoulés depuis l'hommage rendu à Samuel Paty. On ne parle plus de ce moment. La salle des maîtres est vide, les gestes barrières et la dimension organisationnelle du service ont pris le pas sur nos discussions pédagogiques parfois enflammées. Je le regrette. Nous sommes quelques-uns à essayer de maintenir cette ambition pédagogique, à engager l'équipe à se remobiliser sur des sujets de première importance, il ne faudrait pas grand-chose...

Dans mon casier, je trouve un courrier adressé à mes élèves. Seule une adresse figure au dos de l'enveloppe et me fait penser que les enfants vont trouver une réponse à l'abécédaire envoyé. J'ouvre fébrilement. C'est bien ça. Quelques mots à leur endroit. Des mots encore une fois, bien choisis, bien sentis pour être compris. Simples, sincères et forts. Après la récréation, je fais monter la classe plus vite que d'habitude. Je suis impatiente de voir leur réaction.

Je leur dis avoir trouvé un courrier dans mon casier, pour eux. Je n'ai pas d'indication de destinataire et en rajoute dans le suspens. Ils sont excités et font des hypothèses à tout va. Entre eux et moi, c'est un secret de polichinelle.

Je leur lis la lettre qui leur est adressée. Ils sont émus, heureux de constater qu'on leur a répondu, à eux, que leur travail est reconnu. Ils s'empressent de me demander une photocopie. Au sortir de la classe, ils la brandissent comme un trésor.

« Maîtresse, on a beaucoup de chance », me fait remarquer Jacques qui n'a jamais compté son investissement dans ce projet ; comme d'autres : Neven et Dorra, Maxime et Juliette, Ecrin et Melyas, Umut, Erina, Manon, Lina, Maël, Rayan, Clément,

Osman, Coline, Mohamed. Merci. Merci pour votre engagement !

Oui, Jacques, on a beaucoup de chance. Je suis sûre que vous grandirez en gardant le souvenir de ce que nous avons réalisé ensemble. J'espère que vous saurez défendre l'essentiel. C'est bien vous les citoyens de demain !

Aux élèves de la classe de CM1-CM2
de l'école Jean-Mermoz de Schiltigheim

« Chers enfants,

J'ai bien reçu votre *Abécédaire républicain*, précédé de la préface de votre professeure Madame Kilhoffer. Votre attention m'a beaucoup touché. J'ai lu votre abécédaire avec intérêt et plaisir parce que vos mots sont justes et les illustrations sont belles.

J'espère que grâce à vous, ses auteurs, cet abécédaire sera présent dans toutes les écoles de France. Je souhaite qu'à votre exemple les élèves de chaque classe réalisent une œuvre collective qui témoigne de leur attachement aux valeurs de la République française qui est notre bien commun.

En toute amitié »

Robert Badinter

Abécédaire républicain

ous avons créé cet abécédaire républicain
rce que le construire nous a fait
mprendre ce qu'est la République
ançaise.
e n'est pas la seule raison.
uand nous avons écouté l'hommage
Samuel Paty par Robert Badinter,
l a beaucoup parlé de la laïcité.
, notre République est laïque et fait
vre les valeurs de liberté, de fraternité
d'égalité.
présent, nous savons plus de choses
r le fonctionnement de notre pays!

Accepter

On est accepté pour ce que l'on est. On peut accepter quelqu'un ou quelque chose en donnant son accord.

Je t'accepte malgré tes différences !
Merci beaucoup.

il n'y a plus de peine de MORT
Badinter

Badinter : Robert Badinter était l'ancien ministre de la justice qui a interdit la peine de mort. Nous l'avons connu grâce à une vidéo pour l'hommage à Samuel Paty. Il nous a aidés

à comprendre la laïcité.

Je réfléchis

charte

citoyen

ure

Etre cultivé c'est pouvoir réfléchir correctement dans tous les domaines.

conscience

Démocratie

Droits

Devise

Discrimination

Drapeau

Devoirs

La démocratie est une forme de gouvernement qui permet au peuple de choisir son dirigeant.

état

école

être égaux c'est avoir les mêmes droits malgré nos différences. Il esciste plusieu égalités entre les religions...

L'égalité est aussi une valeu de la République.

Egalité
éducation
élection
expression

La fraternité est une valeur de la République qui permet de mieux vivre ensemble. Elle a le pouvoir de nous rassembler.

France

Garant

Garantir c'est assurer quelque chose. Les lois garantissent les valeurs de

ir

la République. Exemple : Je te garantis de pouvoir t'exprimer librement.

En France, l'hymne national est la Marseillaise. C'est un symbole républicain. C'est un chant patriote français et souvent chanté avant un évènement important qui a été rédigé en 1792 par Rouget de Lisle à Strasbourg.

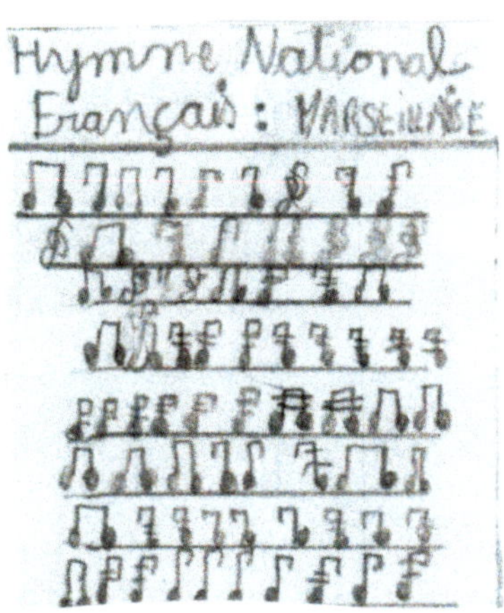

Hymne
national

Les institutions permettent de faire fonctionner le pays. Les citoyens élisent le président de la République française. Il nomme son gouvernement. Les ministres proposent des projets de loi qui sont présentés à l'Assemblée nationale et ensuite au Sénat. Le Conseil constitutionnel choisit si cette loi peut ou ne peut pas rentrer dans la Constitution.

Tu es mon president
Tu es le ministre de la santé. Tu fais partie du gouvernement
Voilà mon proget
assemblée nationale
sénat
Le conseil constitutionel
Monsieur le ministre de la santé votre proget rentre dans la constitution.
53X2=
Institution
Instruire

Justice

La justice protège et respecte tout le monde.

Je donne mon avis
JE M'EXPRIME
LIBREMENT
en disant ce que je veux
laxonne
pour s'exprimer

laxonner pour se faire
ntendre et s'exprimer
ibrement veut dire s'exprimer
ibrement sans que l'on soit
mpêché.

La laïcité est un principe de la République française. Elle garantit la liberté de conscience et protège la liberté de croire ou de ne pas croire.

liberté

loi

La Marianne est un symbole de la République française. Elle porte un bonnet phrygien qui date de la Révolution française.

Marianne
Marseillaise
maire

Les nations sont des pays. Une nation est un peuple qui vit ensemble. La France est une nation.

neutralité

Nations

¡ bonjour je suis le président et je suis là pour la nation !
moi je suis la présidente et je suis aussi là pour ma nation.

Opinion
obligatoire

C'est donner son avis sur quelque chose ou quelqu'un.

Partager c'est donner une partie de ce que l'on a à quelqu'un. C'est important car ça permet de créer des liens : c'est la fraternité.

protéger

Président de la République

Après être élu le président Emmanue
Macron reste au poste pendant
cinq ans.

Macron élu président 5 ans.
Tu sais que Macron est élu président
Oui, je sais
C'est le quinquennat

respecter
Républ

Liberté Égalité Fraternité
Vive la République
Oui vive la République

ique Révolution française

La France est une République, elle se fait diriger par un président et son gouvernement qui ensemble proposent les lois qui font vivre les principes de la République.

Nous sommes solidai
nous nous aidons les uns
les autres. Nous donnons des
objets de première nécessité aux
familles défavorisées.

symboles

Solidarité

social

Tran

Nous transmettons notre savoir

et nos connaissances aux jeunes

pour former les citoyens de demain.

mettre

Nos nations sont Unies
France
C'est ce qui fai notre force !
Nous avons créé l'Europe
Allemagne

La France est un pays uni, c'est ce qui fait notre force !

voter

Les valeurs de la République
française sont : liberté, égalité
et fraternité et ce qui les
fait vivre c'est la laïcité.

Wagon
vers la

liberté

Veut dire que nous sommes libres de faire ce que l'on veut dans le respect d'autrui et de la loi.

Xénophobie

Xénophobie condamnée
veut dire que nous
acceptons les étrangers,
qu'ils viennent d'Italie,
d'Angleterre, du Maroc...
Ils sont tous respectés.

Condamnee

Y'a plus

Ça veut dire qu'il n'y a plus de rois ni de reines en France.

de monarchie !

Zèle

Zèle veut dire que l'on a de l'enthousiasme à faire les choses.

exemple : Nous avons fait preuve de zèle pour faire cet abécédaire.

Maxine

Umut

Juliette

Clément

Maxime

Amina

Kai

Melyas

Jacques

ecrin

DORRA

Erina

Lina

Jules

Rayan

Camille.

Sarah

Céline

Mohammed

Maël

Osman

Niven

Manon

 DEREDEGIRMENLI Ecrin	 DIDIER Coline	 GENCTURK Osman	 EL HALOUI Dorra
 MASSIERA Maxine	 ABDIKARIMOVA Amina	 OUZOUGGATE Rayan	 TAS Umut
 DAHEM Mohammed	 STEFFANUS Sarah	 FAYE Jacques	 PASCAL Clément

 LARDON Camille	 ATAS Melyas	 BRIGMANN Maxime	 KLEIN-SCHEIDT Maël
 EL OUESDADI Lina	 LATERVEER Kai	 PERTUSA Manon	 ANSTETT Juliette
	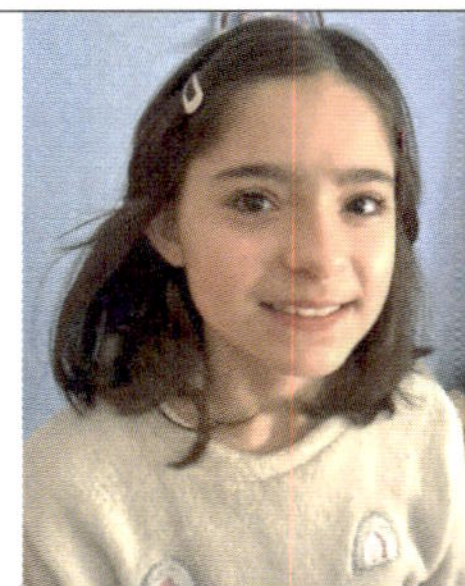		 Peggy KILHOFFER

Je souhaiterais remercier Monsieur Robert Badinter et Madame Sophie de Closets sans qui ce livre n'existerait pas.

Merci à Hélène Guillaume pour ses conseils et sa disponibilité.

Je remercie Séverine Chambraud et Nathalie de Paola pour leur aide précieuse au sein de la classe.

Enfin, merci à Pierre et à Éric.

Peggy Kilhoffer

Composition et mise en page :
Nord Compo à Villeneuve d'Ascq

PAPIER À BASE DE FIBRES CERTIFIÉES

hachette s'engage pour l'environnement en réduisant l'empreinte carbone de ses livres. Celle de cet exemplaire est de :
0,500 kg éq. CO_2
Rendez-vous sur www.hachette-durable.fr

Achevé d'imprimer par Macrolibros à Valladolid, Espagne,
pour les Editions Fayard, 13 rue du Montparnasse, 75006 Paris
69.8834.3/01